P9-BJY-057

NUESTRAS VOCES
PERSONAJES HISPANOS Y LATINOS DE LA HISTORIA ESTADOUNIDENSE™

JUAN RODRÍGUEZ CABRILLO

EXPLORADOR DE LA COSTA OESTE NORTEAMERICANA

XINA M. UHL

TRADUCIDO POR CHRISTINA GREEN

rosen publishing's
rosen central®

New York

Published in 2020 by The Rosen Publishing Group, Inc.
29 East 21st Street, New York, NY 10010

First Edition

Library of Congress Cataloging-in-Publication Data

Names: Uhl, Xina M., author.
Title: Juan Rodríguez Cabrillo: explorador de la costa oeste norteamericana / Xina M. Uhl, translated by Christina Green.
Description: First edition. | New York : Rosen Central, 2020 | Series: Nuestras voces: personajes hispanos y latinos de la historia estadounidense | Includes bibliographical references and index. | Audience: Grades 5–8.
Identifiers: ISBN 9781508184935 (library bound) | ISBN 9781508184928 (pbk.)
Subjects: LCSH: Cabrillo, Juan Rodríguez, -1543--Juvenile literature. | Explorers—America—Biography—Juvenile literature. | Explorers—-Spain—Biography—Juvenile literature. | America—Discovery and exploration—Spanish—Juvenile literature.
Classification: LCC E125.C12 U35 2019 | DDC 910.92 [B] —dc23

Manufactured in the United States of America

Nuestra portada: Juan Rodríguez Cabrillo llega a las costas de California durante su expedición de 1542. Las bitácoras de su viaje señalan que la costa estaba densamente poblada por nativos.

CONTENIDO

INTRODUCCIÓN

El conquistador español del siglo XVI, Juan Rodríguez Cabrillo, hizo de todo. Fue bien conocido por otros conquistadores que zarparon desde España para conquistar y establecer asentamientos en el Nuevo Mundo —Nueva España— en el continente americano. En este sentido, hizo lo que muchos hombres de esa época hicieron y como tal participó en algunas de las más gloriosas, y cruentas, batallas junto a Hernán Cortés y otros conquistadores. Cabrillo fue uno de los fundadores de Guatemala, un hombre rico y poderoso, y tuvo allí una extensa hacienda. También fue un talentoso y cotizado constructor de barcos. En 1541, ocurrió un poderoso terremoto en Santiago, capital de Guatemala, mientras estaba lejos de su casa. Su crudo y devastador relato sobre la ciudad destruida fue la primera nota periodística escrita en el Nuevo Mundo.

En 1542 fue protagonista clave de la historia, cuando se convirtió en comandante naval, conduciendo la expedición hacia el norte por la costa del Pacífico. Rodríguez Cabrillo fue el primer europeo en explorar la costa oeste de América del Norte. Fue él quien aportó el primer relato escrito de las actividades humanas en la costa oeste en 1543. Aunque falleció en la expedición, mientras estaba de viaje, el eco de sus logros ha resonado a lo largo de los años.

Pese a su importancia para lo que más adelante se convertiría en California, se desconocen muchos detalles de su vida o deben ser armados cual rompecabezas de los escritos de sus amigos y comandantes. Aunque ya era un hombre destacado, en aquella época habían muchos otros conquistadores llamados

El 28 de septiembre de 1992, tras 450 años de la fecha en que desembarcó en el puerto de San Diego, el Correo de Estados Unidos emitió una estampilla conmemorativa de 29 centavos de Juan Rodríguez Cabrillo.

Juan Rodríguez; y aunque no se sabe la razón exacta, pero no es hasta 1536 cuando adoptó el segundo apellido, Cabrillo. Con el tiempo, perfeccionó sus destrezas como hombre de mar y capitán de ballesteros y luchó en tierras desconocidas junto a otros conquistadores españoles, superados numéricamente e incapaces de escapar. El destino favoreció a Cabrillo y a los españoles: los nativos, sin inmunidad a las enfermedades traídas por los españoles y con pocas defensas frente a las armas superiores de estos, fueron devastados.

Aunque participó en la conquista de los aztecas comandada por Hernán Cortés en Nueva España, al principio encontró pocas riquezas. Fue solo después de unirse a una partida de soldados que se aventuraban a sitios más remotos, hacia el corazón de una tierra desconocida, que se convertiría en uno de los fundadores de Guatemala. Sus esfuerzos como terrateniente, minero y comerciante, agregados a su talento como constructor de barcos, le valieron la gran fortuna que había deseado por tanto tiempo. Esto, sin embargo, no es el fin de su historia.

Cabrillo alcanzó la gloria como explorador y conquistador al descubrir y reclamar California para España, cementando su legado como uno de los héroes hispanos más importantes de la historia de América. Quizás la Fundación Monumento Nacional a Cabrillo resume mejor su legado en un recuento oficial de su viaje: "Juan Rodríguez Cabrillo simboliza la curiosidad que nos conduce a todos a buscar respuestas en lo desconocido y el arrojo para arriesgar todo por aquello que creemos".

CAPÍTULO UNO

EL JOVEN CABRILLO

Poco se sabe sobre la niñez de Cabrillo, salvo que nació alrededor de 1498. Durante varios centenares de años, los historiadores alegaron que Cabrillo era oriundo de Portugal. Sin embargo, también hay muchos historiadores americanos convencidos de que venía de España. Varias son las poblaciones en Portugal que alegan que nació allí, aunque esto sigue siendo difícil de comprobar. No obstante para la época en la que vivió Cabrillo, los timoneles portugueses eran famosos por sus habilidades. El asunto sigue en debate.

De joven, Cabrillo era conocido como Juan Rodríguez. No adoptaría el apellido Cabrillo sino hasta muchos años más tarde. Creció en una era iniciada por un explorador llamado Cristóbal Colón, quien se hizo a la mar en nombre de España en busca de nuevas rutas de comercio hacia India y Asia. Los europeos deseaban esta ruta porque, para cuando las mercancías llegaban a Europa desde Oriente, una red de mercaderes e intermediarios había aumentado los precios. Los europeos creían que si podían eludir los intermediarios y comerciar directamente con Oriente, tendrían mejores ganancias. No obstante, no sabían cómo llegar hasta allí por una ruta marítima.

THE LANDING OF COLUMBUS OCTR. 11TH 1492.

Cristóbal Colón es una figura controvertida. Producto de una era violenta, capturó a los nativos y los esclavizó. Como gobernador de República Dominicana, aplacó las revueltas nativas con enormes derramamientos de sangre.

UN NUEVO MUNDO

Colón cambió todo eso en 1492, cuando llegó a las Indias Occidentales. Convencido de haber descubierto una nueva ruta hacia la India, llamó *indios* a sus habitantes. Lo que ignoraba Colón es que su ruta lo había llevado a tierras cuya existencia era desconocida por los europeos. Aunque más adelante estas tierras se conocerían como *América*, al principio los europeos las llamarían *el Nuevo Mundo*. En los años posteriores a los viajes de Colón, otros exploradores llegaron a conquistar estos territorios.

LA CONQUISTA DE CUBA

De acuerdo con su afamado diario de descubrimiento, Cristóbal Colón llegó a la isla de Cuba el 28 de octubre de 1492. No fue sino hasta 1511, sin embargo, que un español llamado Diego Velázquez de Cuéllar se sumó a Hernán Cortés para conquistar Cuba. Durante un período de cuatro años, Velázquez fundó numerosas poblaciones, uno de los cuales fue La Habana. Otro fue Baracoa, sobre la costa nororiental. Velázquez la fundó con 300 españoles y sus esclavos africanos.

En 1514, Velázquez se convirtió en el gobernador de Cuba. Se esforzó por atraer colonos a la isla, algo complicado al principio por la falta de minas de oro. A los conquistadores se les otorgaba el control de los pueblos nativos que se ubicaban en ciertas áreas. Los españoles forzaron a los nativos a entregarles un tributo.

La colonia pronto se convirtió en una base de operaciones para que los conquistadores exploraran las áreas costeras a lo largo de la Península de Yucatán y el Golfo de México.

Los conquistadores españoles se asentaron primero en el Caribe, en las islas de La Española (hoy, República Dominicana y Haití), Cuba y Puerto Rico. Si bien los españoles tenían pocos soldados en comparación con los millones de americanos nativos que habitaban en el Nuevo Mundo, tenían amplias e importantes ventajas. Las armas, los cañones y las armaduras que portaban eran superiores

El joven Pánfilo de Narváez fue uno de los primeros colonos de Jamaica. Más adelante participó en expediciones militares a Cuba, México y lo que hoy es Florida.

a las flechas y lanzas de los nativos. Tenían caballos para llevar los suministros y los usaban durante los combates. Los americanos nativos jamás habían visto caballos y, al principio, los consideraban aterradores. Por último, y más grave aún, los nativos no tenían resistencia a las enfermedades de los españoles. En consecuencia, morían rápidamente de viruela, cólera y otras enfermedades fatales. Así, fueron desapareciendo poblado tras poblado, llegando a fallecer hasta el 90 % de nativos en el siglo XVI.

El joven Cabrillo viajó a Cuba, aproximadamente en 1510, cuando tenía unos 12 años. Allí, Pánfilo de Narváez, al comando de una compañía de ballestas que había ayudado a conquistar Cuba, veló por su educación. Posiblemente, haya incluido escribir instrucciones e informes, leer las bitácoras y manifiestos de los barcos, crear tablas de navegación y hacer cálculos por las estrellas.

LA LLEGADA DE CORTÉS

Los españoles se expandieron rápidamente desde el Caribe, para explorar las aguas costeras. Escuchaban historias de grandes ciudades de oro y feroces nativos que las defendían. Hernán Cortés, que era propietario de tierras en Cuba, creía que podría imponerse a los nativoamericanos que defendían esas ciudades y ocupar el territorio para España. Diego Velázquez, el primer gobernador de Cuba, designó a Cortés para que comandara una expedición para conquistar México. Velázquez pronto se arrepintió de esa decisión y cambió las órdenes dadas a Cortés; pero Cortés las ignoró. El 18 de febrero de 1519, Cortés zarpó desde Cuba con

DOÑA MARINA

Malinche era una princesa nativa nacida en México. Cuando Cortés llegó a Tabasco, México, los nativos tabasqueños le dieron una ofrenda de paz: varias esclavas. Una de ellas, llamada Malinche, se convirtió en la guía, intérprete y amante de Cortés. Luego le daría un hijo, a quien llamaron Martín. Sin sus conocimientos y ayuda, Cortés jamás hubiera logrado conquistar México.

Malinche se convirtió al cristianismo y entonces cambió su nombre a doña Marina. Se casó con uno de los soldados de Cortés, Juan de Jaramillo. Juntos navegaron a España, donde la corte española la recibió con los brazos abiertos.

Malinche ha sido conocida por varios nombres a lo largo de la historia. Los españoles la llamaban la Lengua y doña Marina, en tanto que en los idiomas nativos se hace referencia a ella como Malintzin o Malina.

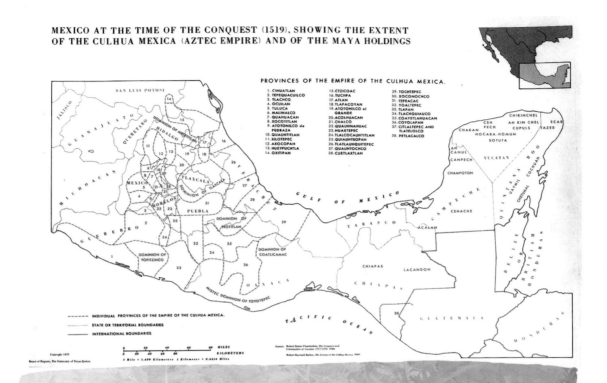

Este mapa de México de 1519 muestra la extensión del Imperio azteca cuando llegó Cortés. Puesto que había salido de Cuba, llegó a México por el Golfo de México.

varios centenares de españoles y unos trescientos nativos para conquistar la tierra firme mexicana.

Con sus hombres llegó a Tabasco, México, sobre la costa norte. Allí encontraron a una intérprete llamada Malinche, que sería una invalorable intermediaria con los nativos. Ella, que hablaba maya y azteca, pronto aprendió español.

Luego, Cortés ejecutó una acción calculadora y brillante para que sus hombres pelearan hasta la muerte por él: quemó los barcos. Así, él y sus hombres quedaban varados en México. No tenían más opción que comprometerse a conquistar o a morir intentándolo.

CAPÍTULO DOS

LA GUERRA Y LA CONQUISTA

Los hombres de Cortés marcharon a través de México, sumando aliados nativos a medida que avanzaban. A causa de los sacrificios de los cautivos de los pueblos sometidos, el Imperio azteca se había hecho con numerosos enemigos. A consecuencia de estos brutales sacrificios, los nativos se sentían ansiosos de ayudar a los españoles. Con el tiempo, Cortés logró reunir más de doscientos mil nativos aliados.

Moctezuma II, gobernante del Imperio azteca, trató de evitar que Cortés entrara a su enorme y bella capital, Tenochtitlán. La ciudad se emplazaba sobre dos islas en medio del lago Texcoco. Grandes calzadas conectaban la ciudad con la tierra

Las ruinas que aquí se muestran son todo lo que queda de la sede del Imperio azteca. El lugar se llama Templo Mayor y hoy es un museo.

LA GLORIA DE TENOCHTITLÁN

En 1520, Cortés escribió una carta al emperador de España Carlos V. En ella describía Tenochtitlán:

> La gran ciudad... está construida en medio de este lago salado, y... cuatro calzadas conducen a ella, todas hechas a mano, hay dos leguas del corazón de la ciudad a cualquier punto de tierra firme. La ciudad misma es tan grande como Sevilla o Córdoba; las calles principales son muy anchas y rectas; pero unas cuantas, y por lo menos la mitad, son más pequeñas, son canales por los cuales van en sus canoas. El agua pasa libremente de las aberturas en las calles..., y sobre estas aberturas... cruzan grandes puentes de enormes vigas, muy firmemente puestos, tan firmes que sobre muchos de ellos pueden pasar diez hombres a caballo a la vez. En una plaza... diariamente hay más de sesenta mil personas comprando y vendiendo adornos de oro y plata, aves como loros, pequeños perros (chihuahuas), hierbas, vegetales, maíz, etc.

Los templos también sorprendieron a Cortés.

> Y entre estas mezquitas hay una que es la principal que no hay lengua humana que sepa explicar la grandeza y particularidades de ella. Es todo cercado de muro muy alto, se podía muy bien hacer una villa de quinientos vecinos... Hay cuarenta torres muy altas y bien obradas. La principal es más alta que la torre de la iglesia mayor de Sevilla.

firme. Cortés y sus hombres, con apenas un millar de aliados nativos, entraron en la ciudad contra la voluntad de Moctezuma.

A pesar de ello, Moctezuma recibió a Cortés con grandes honores. Pronto, Cortés lo capturó para controlar el imperio y asegurarse de que sus habitantes se convirtieran al cristianismo. Cortés presionó a Moctezuma para que cediera sus riquezas y territorios a los españoles. Cortés se había convertido en el gobernante de México.

UN DESAFÍO PARA CORTÉS

Cortés sabía que su posición no era segura. Él y sus aliados estaban encerrados en Tenochtitlán —un complejo palaciego que, cuentan, tenía 300 habitaciones—, con Moctezuma, el líder azteca, prisionero. Moctezuma murió pronto. No se sabe si fue a causa de las piedras que le arrojó su pueblo o a manos de los españoles.

Este friso en la Rotonda del Capitolio de Estados Unidos representa a Cortés y Moctezuma en un templo mexicano. Es obra de Constantino Brumidi, que vivió de 1805 hasta 1880.

En algún momento de 1520, Cortés recibió algunas noticias perturbadoras. De regreso en Cuba, Diego Velázquez había ordenado a Pánfilo de Narváez que se dirigiera a México con una flota de barcos y novecientos hombres. Una vez allí, Narváez reemplazaría a Cortés como líder de México. Cortés había sido acusado de traición por ignorar las órdenes de Velázquez de no ir a México y declararse a sí mismo gobernante de México.

Cabrillo era uno de los novecientos hombres enviados por Velázquez para capturar a Cortés, bajo el mando de Narváez. Para aquel entonces, Cabrillo se había convertido en un habilidoso ballestero y en el hombre adecuado para liderar el grupo de unas 19 ballestas. De acuerdo con los testimonios, los amigos de Cabrillo aseguraban que para la época en la que fue a México era ya un experimentado marinero. Las fuerzas de Narváez incluían también unos ochenta jinetes y setenta arcabuceros, que eran soldados armados con una especie de arma de fuego. Llegaron cerca de Veracruz a finales de abril de 1520. Cortés abandonó Tenochtitlán para ir al encuentro de los soldados. Solo su lugarteniente de confianza, Pedro de Alvarado, quedó atrás con 140 hombres.

Cortés atacó furtivamente a los hombres de Narváez durante una noche oscura y lluviosa. Aunque su grupo de soldados era pequeño en comparación con el de Narváez, los tomó por sorpresa. Los cañones de Narváez estaban sellados con cera para evitar que la pólvora se mojara con la lluvia, por lo que no se podían usar. En las caballerizas, los hombres de Cortés cortaron las cinchas, lo que impidió montar a la caballería. Los hombres mal entrenados de Narváez habían sido amenazados de muerte si no combatían. Esto, combinado con el ataque por sorpresa de Cortés, se tradujo en una breve batalla ganada por este último. La mayoría de los soldados de Narváez, incluido Cabrillo, se sumó a las fuerzas de Cortés.

DE REGRESO A TENOCHTITLÁN

Mientras Cortés estaba lejos de Tenochtitlán, Alvarado y sus hombres se vieron amenazados por los aztecas. Alvarado avisó de la horrible situación a Cortés, quien se apresuró a volver a Tenochtitlán. Dos semanas más tarde, Cortés decidió abandonar la ciudad por miedo de que él y sus hombres fueran sobrepasados en cantidad y avasallados por los aztecas.

Los aztecas quitaron los puentes de la calzada e hicieron más profundos y anchos los canales de agua para que fuese más fácil

QUETZALCÓATL Y MOCTEZUMA

Un dios llamado Quetzalcóatl, o Serpiente Emplumada, era uno de los principales dioses de los aztecas. Había comenzado como dios de la vegetación estrechamente relacionado con el dios de la lluvia. Con el tiempo se transformó en el dios de la estrella del alba y del atardecer. Para la época de Cortés, se había convertido en el patrón de los sacerdotes, el creador de los calendarios y el símbolo de la muerte y de la resurrección.

Moctezuma temía un destino incierto debido a las predicciones de los astrólogos aztecas. Muchos aztecas temían por el retorno de Quetzalcóatl en forma de un hombre blanco con barba que dominaría el imperio. A su llegada, Cortés se enteró de esta profecía y la usó a su favor, para ganar poder entre los pueblos nativos.

atacar a los españoles. Los soldados de Cortés se dividieron en dos grupos y avanzaron, luchando a través de las secciones de las calzadas. El grupo comandado por Alvarado, donde se encontraba Cabrillo, llevaba un puente de madera portátil con el que pudieron reemplazar los quitados por los aztecas. Poco a poco los españoles se abrieron paso luchando, pero los soldados aztecas dieron muerte a muchos de ellos. La retirada de Cortés de la ciudad duró cinco días. Muchos de sus hombres fueron asesinados, algunos de ellos se ahogaron porque se negaron

En la actualidad, el lago Texcoco está en proceso de desecación. Lo que resta del lago está a 2.5 millas (4 kilómetros) al este de Ciudad de México. Esta ilustración muestra los bergantines de Cortés luchando contra las canoas aztecas.

a abandonar el pesado tesoro de oro que habían sacado de la capital. Cabrillo, sin embargo, sobrevivió. Se dice que, ya en tierra firme, Cortés hizo una pausa junto a un árbol al final de la calzada. Allí lloró por la muerte de tantos de sus hombres.

En Tepaca, Cortés reagrupó a su ejército. Reclutó más aliados nativos y les dio la bienvenida a los soldados españoles que acababan de llegar por barco. Cortés ordenó la construcción de 13 bergantines. Cabrillo supervisó la obra, que había sido realizada por los nativos. Parte de la labor incluía juntar resina y sebo para sellar las costuras de las embarcaciones y proteger los cascos de los gusanos. Los trabajadores cortaban y quemaban pinos para extraer la resina.

En Europa, se usaba grasa de ganado vacuno como sebo. Como en México no había vacas, los hombres de Cabrillo buscaron otra solución para la grasa que necesitaban. La encontraron en los cadáveres de los indios hostiles.

Cuando los bergantines estuvieron listos, los desarmaron. Los esclavos los llevaron al lago Texcoco y los volvieron a armar.

Cortés reunió un enorme ejército de unos 150,000 aliados nativos junto a un millar de españoles. Juntos emprendieron un ataque para recuperar Tenochtitlán. Los bergantines fueron usados para combatir a los guerreros aztecas en sus canoas. Cuando los españoles recuperaron el control del lago, siguieron combatiendo sobre las calzadas a pie y a caballo.

En ochenta y cinco días, los aztecas combatieron con fiereza y la mayoría de los conquistadores sobrevivientes resultaron heridos. El sitio terminó cuando los españoles capturaron al nuevo líder azteca, el sobrino de Moctezuma.

CAPÍTULO TRES

HACIENDO AMÉRICA LATINA

Cuando el gobernante de Tenochtitlán se rindió a España, el 13 de agosto de 1521, se desencadenó el caos. Los españoles saquearon la ciudad y los nativos aliados, desenfrenados, mataron a los aztecas que habían sacrificado a sus seres queridos para alimentar a sus dioses sedientos de sangre. La rabia era comprensible, considerando el relato español de un sacrificio por fray Toribio de Benavente Motolinia: "El sacerdote principal que sostenía el cuchillo de sacrificio daba el golpe que destruía el pecho. Luego introducía la mano en la cavidad que había abierto para extraer el corazón aún latiente. A este lo elevaba hacia lo alto como ofrenda al sol".

Algunos de los habitantes de la ciudad intentaron huir a tierra firme en canoas, tanto durante el día como por la noche, cuando se chocaban unos con otros en su prisa. Muchos de los aztecas padecían de una epidemia de viruela que habían contraído por contacto con los españoles. Fray Bernardino de Sahagún describió su difícil situación: "La enfermedad era tan espantosa que nadie podía caminar ni moverse. Los enfermos estaban tan desvalidos que solo podían estar acostados en sus lechos, como cadáveres".

Los conquistadores que saquearon la ciudad esperaban enriquecerse con los despojos de los aztecas, pero ese no fue el caso. Un quinto del tesoro fue destinado al rey y Cortés también tomó su parte. Luego que los remanentes fueron divididos entre los conquistadores restantes, se encontraron que solo poseían algo

Este vibrante escudo azteca está decorado con plumas y muestra una bestia acuática con un cuchillo en las mandíbulas. Esta pieza ceremonial era propiedad del predecesor de Moctezuma, Ahuitzotl.

más de gloria. Decepcionados y molestos por la falta de tesoros, Cortés los apaciguó prometiéndoles otras expediciones hacia el interior mexicano, donde sin duda obtendrían más oro, plata y piedras preciosas.

Con el tiempo, la Ciudad de México se establecería en el sitio donde estaba Tenochtitlán. La catedral de México se erige exactamente en el lugar donde se había levantado un complejo piramidal de templos.

LA MÁQUINA DE GUERRA ESPAÑOLA

Entre tanto, en España, los hombres que más adelante serían los conquistadores aprendían las técnicas de guerra. El estilo de guerra que tenía éxito en Europa no funcionaba en el Nuevo Mundo. En cambio, adoptaron distintas tácticas. Luchaban en pequeños grupos contra grandes cantidades de nativos. Las armas superiores y los soldados montando a caballo los hacían verse terroríficos, lo que les daba una ventaja psicológica. Pequeños grupos de estos soldados, llevando pesadas corazas de metal, acometían contra los guerreros nativos una y otra vez. Luego seguía la infantería, armada con hachas de abordaje, ballestas, espadas y escudos.

Para luchar a distancia, dos armas eran las mejores: las ballestas y los arcabuces. El arcabuz usaba pólvora como los primitivos mosquetes. La mayoría de los nativos no conocía estas devastadoras armas, sin mencionar el humo y el ruido ensordecedor de las armas a pólvora como el arcabuz o los cañones.

REBELIONES DOBLEGADAS Y LA LUCHA POR EL ORO

Cabrillo aprovechó bastante bien la caída de Tenochtitlán pues se compró un caballo, algo costoso en esa época. Podría haberse convertido en hidalgo o alguna autoridad de importancia. Por su servicio, Cortés le ofreció a Cabrillo una encomienda.

Una encomienda consistía en el derecho a exigir mano de obra o tributos a los nativos de cierto lugar. Este sistema permitía a los españoles someter a los nativos a una esclavitud virtual, trabajando bajo condiciones brutales. Técnicamente, el acuerdo se suponía que beneficiaba a ambas partes. A cambio de la mano de obra de los nativos, el encomendero español estaba obligado por la Corona española a protegerlos y enseñarles el cristianismo. En la práctica, los malos tratos combinados con las enfermedades redujeron drásticamente la población nativa.

Cabrillo rechazó la oferta de encomienda de Cortés, pero no por objetar el tratamiento a los nativos. Como joven veinteañero, es posible que Cabrillo no estuviera listo para asentarse en una hacienda. O quizás imaginaba que podría enriquecerse con proezas adicionales. Ese resultó ser el caso.

LAS MATANZAS ESPAÑOLAS

Si bien no existen registros que indiquen la participación de Cabrillo en la brutal matanza descrita por el sacerdote Bartolomé de las Casas, es casi seguro que estuvo presente en alguno de estos horrorosos incidentes.

Un día, luego de una larga y fatigante marcha, Narváez y trescientos de sus hombres visitaron la población india de Caonao, donde los indios los recibieron con comida y agua fresca. Mientras comían, la gente se puso a observar los caballos españoles, pues nunca los habían visto. Como cada vez se

(continúa en la siguiente página)

(viene de la página anterior)

acercaban más y más nativos curiosos, un soldado sacó su espada. Sus compañeros españoles se levantaron de un salto y atacaron a espadazos a los espectadores. La matanza incluyó hombres, mujeres, niños e incluso animales domésticos. Nadie sabe la cantidad de nativos asesinados, pero pudo ser entre dos y tres mil. Los asesinatos perturbaron tanto a Bartolomé de las Casas que abandonó la expedición, diciéndole a Narváez: "Usted y vuestros hombres pueden irse al infierno".

La brutalidad exhibida por los españoles en el Nuevo Mundo probablemente ocurrió en otros incidentes e inspiró a De las Casas a escribir un conmovedor relato al rey de España, con la esperanza de que aprobara nuevas leyes para proteger a los pueblos nativos de más abusos.

Los españoles avanzaron hacia el sur para doblegar una rebelión del pueblo mixteco. Cabrillo participó en una incursión en Oaxaca bajo el mando de Francisco de Orozco a finales de 1521. Poco se sabe de sus actividades allí. Cuando Cabrillo se incorporó al ejército dirigido por Pedro de Alvarado, comandó un escuadrón de ballesteros. Durante los siguientes diez años, él y Alvarado trabajaron para conquistar Guatemala y suprimir las insurrecciones de los pueblos nativos.

GUATEMALA

La conquista de Guatemala suponía numerosos obstáculos. El primero era el terreno, marcado por altas montañas, volcanes, densas junglas, barrancos en picada, helados ríos y húmedos pantanos. El segundo obstáculo fueron los pueblos nativos como los quichés y los tzutuhils, que descendían de los antiguos mayas; constructores de amplias ciudades, observaciones astronómicas y sofisticados calendarios. Para cuando los españoles llegaron, muchas de las ciudades estaban en ruinas. Cabrillo fue uno de los hombres de Alvarado que libró numerosas y sangrientas batallas contra ellos antes de derrotar a 16.000 tzutuhils en la primavera de 1524. En abril del mismo año, el grupo atacó Utatlán, la capital de los quichés. La ciudad había sido gobernada por la misma dinastía durante 20 generaciones. El historiador Hubert Howe Bancroft describió las maravillas del palacio:

"Estaba construido de piedra labrada de diversos colores, similares a mosaicos. Sus dimensiones colosales y forma arquitectónica, elegante y majestuosa, estimulaban una especie de respeto y admiración a la vez… A continuación, se encontraba la residencia de los príncipes solteros y, debajo de este limpio palacio, que contiene a sus lados los departamentos del monarca, la cámara del concejo, con un espléndido trono con baldaquino de costosos tapetes de cuero labrado con extraños diseños y repujado con habilidosa destreza; también el tesoro real, el salón de la justicia y la armería. Tres

Este grabado a color del siglo XVIII, representa a los soldados de Pedro de Alvarado luchando contra los nativos de Utatlán en 1524.

conjuntos separados de habitaciones, para la mañana, la tarde o la noche, estaban ocupados a diario por el monarca y todos esas habitaciones más privadas tenían vista a deliciosos jardines con árboles, flores y frutos; y había en el centro jardines zoológicos y pajareras, con colecciones raras y curiosas. Más allá, se encontraban los palacios separados de la reina y concubinas del monarca, con baños, jardines y lagos en miniatura".

Alvarado destruyó Utatlán en una serie de terribles batallas. Cuando los quichés se rindieron, Alvarado ordenó marcarlos y venderlos como esclavos al pueblo.

Proclamó la conquista completa de Guatemala en julio de 1524, cuando estableció la capital en la antigua población nativa de Iximché. El nuevo nombre de la ciudad fue Ciudad del Señor Santiago. Cabrillo firmó el registro oficial de la ciudad como ciudadano y propietario el 12 de agosto. Sin embargo, las insurrecciones de los nativos continuaron y los españoles tardaron muchos años en marchar hacia el sur, a través de lo que hoy es Guatemala, Honduras y El Salvador, y triunfar por completo.

CAPÍTULO CUATRO

LA PROSPERIDAD DE CABRILLO

C omo ciudadano oficial de Santiago, en 1524, Cabrillo tenía privilegios especiales. Solamente los ciudadanos podían ser propietarios de tierras, como recompensa por los servicios prestados a la Corona española. Por ello, Cabrillo obtuvo un terreno para una casa, una granja de 600 por 140 pasos, y privilegios de encomienda. También es probable que alrededor de 1524, Cabrillo tomara a una mujer nativa como esposa. Si bien se desconoce su nombre, ella vivió con Cabrillo muchos años. La pareja tuvo varios hijos, de los cuales al menos tres fueron niñas. Las hijas se casarían más adelante con conquistadores.

La riqueza de Cabrillo crecería con los años, especialmente cuando en 1529, él y dos compañeros, Diego Sánchez de Ortega y Sancho de Barahona, fueron autorizados a buscar oro. En una ciudad al norte de Santiago llamada Cobán, lo

Nadie sabe con seguridad cómo era físicamente Cabrillo pero es posible que este grabado se acerque a la realidad.

encontraron. Para entonces, Cabrillo tenía varias encomiendas. Es probable que los nativos a su servicio realizaran diversas tareas. Una de ellas era criar gallinas y hacer trabajos agrícolas para obtener maíz, frijoles y chiles para comer, y otros cultivos para vender, como cacao, con el cual se hace el chocolate. Aunque no existen registros que atestigüen cómo trataba Cabrillo a los nativos que controlaba, otras fuentes hablan de las condiciones que enfrentaban los mineros nativos en otros lugares, como Cuba.

Fray Bartolomé de las Casas escribió que vio poblaciones enteras sin hombres, que habían sido enviados a trabajar a los campos. La hambruna impedía que las madres tuvieran leche para amamantar a sus bebés. Miles de niños nativos debieron de haber muerto a causa de tales circunstancias.

Los nativos también extraían el oro de los arroyos, lo que podía ser tanto difícil como fatal. Oviedo, escritor de la Corona española, fue testigo de cómo los nativos buscaban el oro con cribas, parados durante días enteros en fangosos arroyos en las montañas. La falta de alimentos y descanso los hacía enfermarse y morir. Los esclavos africanos ocuparon su lugar. Si bien les iba mejor que a los nativos, también padecían enfermedades, eran sometidos a trabajos excesivos y estaban desnutridos.

EL HOGAR DE CABRILLO

A medida que aumentaba la fortuna de Cabrillo, también aumentaban sus responsabilidades. Él cuidaba de los integrantes de su hogar extendido tal como la ley española lo establecía. Esto incluía más que su propia familia. También debía mantener a parientes distantes, amigos, nobles venidos a menos, asistentes militares, huérfanos o hijos de otros conquistadores, sirvientes y esclavos.

En 1532, Cabrillo volvió a España. Allí se casó con la hermana de su amigo Diego, Beatriz Sánchez de Ortega, en un matrimonio arreglado, como era costumbre en aquella época. La pareja se embarcó hacia Guatemala en 1533 y con el tiempo tuvieron por lo menos dos hijos: uno se llamó Juan Rodríguez Cabrillo igual que su padre y el otro, como su amigo y cuñado Diego Sánchez de Ortega.

Para mediados de la década de 1530, Cabrillo era uno de los ciudadanos más renombrados de Santiago. Los primeros registros oficiales con su nombre como Juan Rodríguez Cabrillo aparecen en julio de 1536, cuando Alvarado le asignó los pueblos de Teota y Cotela como recompensa por su ayuda para sofocar una insurrección en Honduras. Nadie sabe por qué razón adoptó el apellido Cabrillo. Es posible que fuera un sobrenombre o una manera de honrar a su pueblo de origen.

Además de dirigir su hacienda y administrar sus minas, también acumuló riquezas como comerciante y constructor de barcos. En 1536, Pedro de Alvarado, el gobernador de Guatemala, decidió construir una flota de barcos para explorar el Pacífico. Puso a Cabrillo a cargo del proyecto, situado cerca de la ciudad pesquera

LA MALDICIÓN DE CONSTRUIR BARCOS

El pueblo de Iztapa cerca del astillero de Alvarado era un pequeño y miserable lugar. Para mejorar la vida de los hombres, Cabrillo y otro oficial español, Alvara de Paz, ordenaron a los

(continúa en la siguiente página)

(viene de la página anterior)

soldados reclutados a la fuerza, por el sistema de leva, que reunieran docenas de niñas y mujeres nativas que les sirviesen de cocineras, lavanderas y compañeras de lecho. El obispo Marroquín se quejó del tratamiento dado a las mujeres y le pidió al rey de España que interviniese. Pero, para cuando la carta llegó, la flota ya estaba casi terminada.

Los nativos varones también eran maltratados. El sufrimiento causado por estos tratos brutales fue detallado por el sacerdote Bartolomé de las Casas:

"Llevaban de la mar del Norte a la del Sur ciento y treinta leguas los indios cargados con anclas de tres y cuatro quintales, que se les metían las uñas dellas por las espaldas y los lomos. Y [Alvarado] llevó desta manera mucha artillería en los hombros de los tristes desnudos, e yo vide muchos cargados de artillería por los caminos angustiados".

Esta carta fue escrita por fray Bartolomé de las Casas, quien documentó los abusos cometidos contra los pueblos nativos. Él fue la primera persona designada Protector de los Indios.

de Iztapa. El propio Cabrillo cubrió los gastos de uno de esos barcos, un galeón de 200 toneladas (181 toneladas métricas) con dos cubiertas al que llamaron *San Salvador*. Para 1540, había supervisado la construcción de siete u ocho barcos solicitados por Alvarado para comerciar entre América Central y las islas Molucas.

El 11 de septiembre de 1541, a medianoche, mientras Cabrillo se ocupaba de sus negocios fuera de Guatemala, se produjo un terremoto. Una avalancha de agua, lodo y rocas destruyó la mayoría de las casas. El palacio de Alvarado fue destruido, su esposa y casi todas las personas que vivían allí murieron. Centenares de personas, incluidos seiscientos nativos, murieron por toda la ciudad. Cabrillo regresó a su hogar poco después. Aunque había tenido la fortuna de no perder a nadie de su familia ni sus bienes, escribió un informe al rey sobre la destrucción causada por el sismo. Su relato acerca del terremoto fue impreso en un folleto en 1541 y distribuido en México. Esto lo convirtió en la primera nota periodística del Nuevo Mundo.

En 1539, Pedro de Alvarado murió en una insurrección india. El aliado de Alvarado en esta empresa, el virrey de Nueva España, Antonio de Mendoza, nombró a Cabrillo para que liderara una de dos expediciones enviadas a explorar el Pacífico. Luego del terremoto, Cabrillo regresó al puerto de Navidad y se aprestó para salir en lo que sería el viaje de su vida.

CAPÍTULO CINCO

VIAJE AL FIN DE TODOS LOS VIAJES

El 27 de junio de 1542, Juan Rodríguez Cabrillo comandó una expedición que zarpó del puerto mexicano Navidad. La nave insignia era el *San Salvador*. También los acompañaba una fragata (una especie de barco de guerra a vela) llamada *La Victoria*. El piloto era Bartolomé Ferrelo. Además de las metas comerciales favorecidas por Mendoza y Cortés, Cabrillo también buscaba la mítica Cibola, siete ciudades llenas de riquezas que algunos creían que estaban cerca de la costa del Pacífico, más allá de Nueva España. Por último, buscaban una ruta para conectar el océano Pacífico con el océano Atlántico.

Las naves llevaban pocas provisiones y la tripulación estaba compuesta por conscriptos y nativos con poca experiencia

Esta pintura, que muestra a Cabrillo y a sus hombres desembarcando en Las Canoas en 1542, cuelga en una de las paredes del tribunal del condado de Santa Bárbara, California.

como navegantes. Es probable que Cabrillo y sus hombres planearan reabastecerse comerciando con los nativos en tierra.

El buque avanzaba poco a poco frente a la costa. El 21 de agosto, la expedición descubrió el puerto San Quintín. Al día siguiente desembarcaron y Cabrillo tomó posesión formal del territorio en nombre del virrey y del rey. Los nativos con los que se encontraron les comunicaron que había otros españoles barbudos, con perros y armas viajando tierra adentro desde hacía cinco días. Es probable que estos españoles fueran de la expedición de Francisco Coronado, también enviados en busca de las ciudades

UNA ISLA DE AMAZONAS

Hernán Cortés creía que una expedición hacia aguas desconocidas podría descubrir algo inusual. En 1524 le escribió a un pariente sobre los rumores que alegaban que había "muchas provincias densamente pobladas y que contenían, se cree, grandes riquezas, y que en esas partes hay una habitada por mujeres, sin varón alguno, que procrean de la forma como atribuyen las antiguas historias a las amazonas y que muchos de ellos han ido allá y la han visto. Dícenme asimismo que es muy rica de perlas y oro. Y, porque, por saberse la verdad de esto y de lo demás que hay en la dicha costa, Dios Nuestro Señor y Sus Majestades serán muy servidos".

La expedición de Cabrillo jamás encontró un lugar así, como tampoco las míticas ciudades de Cibola ni un estrecho que conectara los océanos Pacífico y Atlántico. El motivo de esos fracasos es sencillo: estos lugares no existían.

de Cibola. Coronado atravesó Arizona por el este antes de dirigirse hacia el este. Finalmente, terminó en Kansas antes de regresar a México, habiendo fracasado en su misión.

¡CALIFORNIA!

A los ciento tres días de haber iniciado la expedición, Cabrillo y sus hombres llegaron a la bahía de San Diego. Según el Monumento Nacional de Juan Rodríguez Cabrillo, es probable que tocara costa cerca de Ballast Point. Allí reclamó la tierra para España, como lo haría muchas veces. A la bahía la llamó San Miguel. Cuando el explorador Sebastián Vizcaíno llegó seis años más tarde, le cambió el nombre a San Diego.

La expedición siguió hacia el norte, hasta llegar a la bahía de Santa Mónica. Cabrillo la llamó bahía de los Fumos ("bahía de los Humos") por el humo procedente de las numerosas fogatas encendidas por los nativos. Zarparon hacia el norte, hacia San Buenaventura. En el Archipiélago del Norte (o islas del Canal) justo al frente de la costa, permanecieron durante los dos meses siguientes, navegando a lo largo de la costa, explorando el área y estableciendo contacto con la población chumash que vivía allí. En algún momento del viaje, Cabrillo se fracturó el brazo por una caída. Algunos historiadores dicen que pudo haberse caído en la rocosa costa. Otros creen que la fractura fue resultado de una breve escaramuza con los nativos.

A mediados de noviembre, la expedición volvió a dirigirse hacia el norte y llegó hasta cerca de Punta Reyes, al norte de San Francisco. No navegaban cerca de la costa por temor a que la nave naufragara y pasaron frente a la bahía de San Francisco, probablemente disimulada por la niebla. Numerosos son los exploradores que pasaron sin verla, por lo que permaneció sin ser descubierta hasta 1769.

En el camino, conocieron numerosos pueblos nativos y describieron ciertas áreas como "densamente pobladas". Para demostrar su buena voluntad, tomaron cautivos a muchos nativos, les dieron regalos y los dejaron ir. Estas acciones les ayudaron a ganar la confianza de los pueblos nativos.

UN PELIGROSO INVIERNO

Los fuertes vientos y tormentas los obligaron a dirigirse hacia el sur para buscar refugio en Punta Concepción. Se dirigieron nuevamente hacia la isla San Miguel en el Archipiélago del Norte. Permanecieron allí durante el invierno, desde el 23 de noviembre al 19 de enero. En esa época, las tormentas casi continuas azotaban el océano.

El 3 de enero de 1543, Cabrillo murió a consecuencia de las complicaciones de la fractura en el brazo. No se sabe el lugar en el que se enterraron sus restos, aunque una losa de roca encontrada en la isla de Santa Rosa en 1901 podría marcarlo.

El comando recayó en Ferrelo, quien envió la expedición hacia la isla de Santa Rosa. Ferrelo se dirigió nuevamente al norte el 18 de febrero. Tras pasar el punto más al norte alcanzado por Cabrillo continuaron navegando hasta que alcanzaron una latitud cerca del río Rogue,

Esta foto aérea muestra la isla de Santa Rosa, cerca de la costa de California. Se trata de una isla seca y escabrosa, con apenas seis especies de plantas nativas y tres mamíferos nativos.

en Oregón. Mientras se dirigían nuevamente al sur, una copiosa tormenta separó las dos naves, que volverían a reunirse tres semanas más tarde.

A principios de marzo, la tripulación tuvo muchas dificultades durante la navegación. *La relación del viaje de Juan Rodríguez Cabrillo, 1542–1543,* describe la crueldad del clima: "Saltó el viento al Norueste e al Nor Norueste con mucha furia, que les hizo correr hasta el sábado a 3 de marzo al Sueste y al Es Sueste, con tanta mar, que los traía desatinados, que si Dios y su bendita Madre milagrosamente no los salvara, no pudieran escapar: el sábado a mediodía abonanzó el tiempo e quedó al Noroeste, de que dieron muchas gracias a Nuestro Señor". La expedición buscó un lugar seguro en la isla de Santa Cruz. Cuando ambas naves estuvieron reunidas, continuó la travesía a casa. Regresaron a Navidad el 14 de abril, nueve meses y medio después de su partida.

MÁS ALLÁ DEL ORO Y LA PLATA: LOS DESCUBRIMIENTOS DE CABRILLO

Para los españoles que enviaron a Cabrillo hacia el norte por la costa del Pacífico, la expedición había sido un fracaso. Cabrillo había muerto y los hombres no habían encontrado oro ni plata. No habían hallado tampoco un paso entre los océanos Pacífico y Atlántico porque no existía. Las ciudades de Cibola eran un mito, una lección que Coronado también aprendería, muy a su pesar.

Sin embargo, el viaje de Cabrillo ofreció las primeras crónicas de la costa oeste de América del Norte. Informó sobre los pueblos, mares, paisajes y recursos del lugar, sentando las bases para que otros colonizadores españoles expandieran las poblaciones. Estos colonizadores cimentaron el reclamo de España sobre California. Durante sesenta años nadie volvió a intentar la ruta de Cabrillo.

Cabrillo fue uno de los muchos exploradores españoles, cuyos audaces esfuerzos por adentrarse en un continente para ellos desconocido, dejarían su marca en América. Sin sus conquistas, la historia del Oeste, México y América del Sur hubiera sido distinta. La cultura, el idioma y la religión se han fusionado con las de los pueblos nativos creando una civilización híbrida.

La población de California crecía más lento que en otras partes de Nueva España, pues estaba muy lejos al norte de la Ciudad de México y el Gobierno español. La independencia de México, en 1821, puso fin al dominio español en América del Norte. No hubo un crecimiento masivo hasta que la Fiebre del Oro, en 1848, atrajo al oeste una clase diferente de buscadores de tesoros. Pronto California pasó a manos de los Estados Unidos.

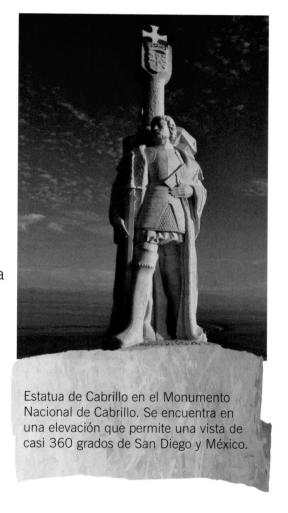

Estatua de Cabrillo en el Monumento Nacional de Cabrillo. Se encuentra en una elevación que permite una vista de casi 360 grados de San Diego y México.

Hoy, muchas escuelas, calles y otras instituciones públicas de California llevan el nombre de Cabrillo en su honor. En 1913, el presidente Woodrow Wilson autorizó la creación del Monumento Nacional de Cabrillo, en San Diego, California. Este se construyó mirando hacia el lugar donde probablemente desembarcó Cabrillo. Incluye un parque con senderos para caminar, un faro, pozas de marea y exposiciones históricas.

CRONOLOGÍA

1492 Cristóbal Colón llega al Nuevo Mundo.

1498 Fecha aproximada del nacimiento de Juan Rodríguez Cabrillo.

1510 Fecha aproximada de partida de Cabrillo a Cuba.

1511 Conquista de Cuba.

18 de febrero de 1519 Hernán Cortés y un pequeño ejército zarpan de Cuba a la conquista de México.

Abril de 1520 Cabrillo va a México bajo las órdenes de Pánfilo de Narváez. Su ejército es derrotado por Cortés y Cabrillo se suma al ejército de Cortés.

13 de agosto de 1521 Rendición y destrucción de Tenochtitlán.

Décadas de 1520–1530 Cabrillo se suma a los conquistadores españoles en la conquista de Guatemala y la supresión de insurrecciones nativas.

Primavera de 1524 Cabrillo y Pedro de Alvarado conquistan a los quichés y tzutuhils, y toman la capital.

Julio de 1524 Alvarado declara la conquista completa de Guatemala.

1532 Cabrillo viaja a España y se casa con Beatriz Sánchez de Ortega.

1536 Primera aparición del nombre Cabrillo en registros oficiales. Antes, simplemente figuraba como Juan Rodríguez. Encargan a Cabrillo proyectos de construcción de naves.

1540 Cabrillo termina la construcción de las naves y es designado comandante de un viaje de exploración a lo largo de la costa norte del Pacífico.

11 de septiembre de 1541 Devastador terremoto en Santiago, Guatemala. Cabrillo redacta un difundido relato de la destrucción.

27 de junio de 1542 Comienza el viaje de descubrimiento de Cabrillo.

3 de enero de 1543 Cabrillo muere a consecuencia de las complicaciones de una fractura en el brazo.

14 de abril de 1543 La expedición de Cabrillo regresa a casa.

GLOSARIO

arcabuz: arma de fuego portátil pero pesada que usualmente se dispara usando un trípode u otro elemento de apoyo.

artillería: grandes armas de fuego, como los cañones.

bergantín: barco con dos palos y una vela cuadrada.

cacao: árbol que produce vainas amarillas con semillas que se secan y utilizan para hacer el cacao y el chocolate.

calzada: camino empedrado o sendero elevado que cruza el agua.

cebo: grasa obtenida de vacas u ovejas, usada para ciertos productos, como lubricantes.

cincha: banda alrededor del cuerpo de un caballo que mantiene la montura en su sitio.

cólera: enfermedad que causa diarrea y vómitos graves.

conquistador: soldado español que participó en la conquista de América durante el siglo XVI.

encomienda: derecho otorgado por el rey español que permitía a un colono americano exigir trabajos forzados y tributo de los habitantes nativos de la zona.

galeón: nave de gran porte, a vela, usada por los españoles entre los siglos XV y XVII.

hidalgo: persona perteneciente a la nobleza de categoría menor en España.

leva: reclutamiento forzado de una persona para el servicio militar en contra de su voluntad.

maíz: planta originaria del continente americano.

manifiesto: lista de la carga o pasajeros de una embarcación.

marinero: marino, hombre de mar o navegante de barco.

maya: pueblo de nativos de la península de Yucatán, Guatemala y otras zonas cercanas.

pueblo: pequeña ciudad o villa.

resina: sustancia viscosa obtenida de los pinos que se usaba en la construcción de naves durante el siglo XVI.

viruela: enfermedad causada por un virus que incluye fiebre y pústulas en la piel.

PARA MÁS INFORMACIÓN

America in Class c/o National Humanities Center
7 TW Alexander Drive
PO Box 12256
Research Triangle Park, NC 27709
(919) 549-0661
Sitio web: http://americainclass.org/primary-sources
Facebook: @NHC.EDUCATION
Twitter: @NHCEducation
Este sitio recopila una importante cantidad de fuentes primarias a lo largo de distintos períodos de tiempo de la historia americana. La pestaña de exploración "American beginnings: the European presence in North America: 1492–1690" contiene una lista de documentos y guías de lectura diseñados para hacer que este momento de la historia cobre vida mediante los ojos de las personas que allí estuvieron.

Biblioteca del Congreso
101 Independence Ave SE
Washington, DC 20540
(202) 707-5000
Sitio web: http://www.loc.gov
Facebook: @libraryofcongress
Twitter e Instagram: @librarycongress
La muestra actual "Exploring the Early Americas" presenta más de tres mil mapas, documentos, artefactos y pinturas poco comunes. Múltiples colecciones revelan la historia americana mediante arte, documentos y artefactos de la exploración del continente americano.

Museo de Arte Metropolitano
1000 5th Avenue
Nueva York, NY 10028
(212) 535-7710
Sitio web: http://www.metmuseum.org/toah/hd/expl/hd_expl.htm
Facebook, Twitter e Instagram: @metmuseum
Los visitantes verán mapas originales, ensayos y arte de la Época de Exploración.

Museo Canadiense de Historia
100 Laurier Street
Gatineau, QC K1A 0M8
Canadá

(800) 555-5621
Sitio web: http://www
.historymuseum.ca
Facebook, Twitter y
Instagram: @CanMusHistory
El museo presenta más de
ochenta muestras sobre
la historia de los grandes
exploradores de Europa y
Asia. Algunas son accesibles
en línea, mientras que otras
se ofrecen en el museo como
muestras rotativas.

Museo Estadounidense de Historia Natural

Central Park West at 79th Street
Nueva York, NY 10024-5192
(212) 769-5100
Sitio web: https://www.amnh
.org/exhibitions
/permanent-exhibitions
/human-origins-and
-cultural-halls/hall-of
-mexico-and-central
-america
Facebook: @naturalhistory
Twitter e Instagram: @amnh
La Sala de México y América
Central incluye la Piedra del
Sol azteca de 20 toneladas,
objetos de oro, esculturas
con joyas y mucho más.
Mira los más de 1400

artefactos en línea en la
Sala Virtual.

Museo de Historia Natural del Condado de Los Ángeles

900 Exposition Boulevard
Los Ángeles, CA 90007
(213) 763-DINO
Sitio web: https://nhm.org/site
Facebook, Twitter e Instagram:
@nhmla
El California History Hall incluye
un elaborado diorama que
recrea el *San Salvador* de
Juan Rodríguez Cabrillo e
incluye información sobre la
tripulación y los suministros
en base a los registros de la
bitácora original del barco.

Museo del Marinero

100 Museum Drive
Newport News, VA 23606
(800) 581- 7245
Sitio web: http://exploration
.marinersmuseum.org
Facebook, Twitter e Instagram:
@marinersmuseum
Este museo ofrece amplia
información sobre los
exploradores, las naves
y herramientas desde la
Época del Descubrimiento.

MÁS LECTURAS

Clarke, Catriona, Adam Larkum, Laura Parker y Josephine Thompson. *Aztecs*. Londres, Reino Unido: Usborne, 2015.

Dawson, Patricia. *First Peoples of the Americas and the European Age of Exploration*. Nueva York, NY: Cavendish Square Publishing, 2016.

Greek, Joe. *Hernán Cortés: Conquistador, Colonizer, and Destroyer of the Aztec Empire*. Nueva York, NY: Rosen Publishing, 2017.

Haines, Serena. *Exploration of California*. Huntington Beach, CA: Teacher Created Materials, 2018.

Keller, Susanna. *Age of Exploration*. Nueva York, NY: Britannica Educational, 2016.

Kenney, Karen Latchana. *Ancient Aztecs*. Minneapolis, MN: Abdo Publishing, 2015.

Loria, Laura. *La Malinche: Indigenous Translator for Hernán Cortés in Mexico*. Nueva York, NY: Britannica Educational Publishing, 2018.

Mooney, Carla y Tom Casteel. *Explorers of the New World: Discover the Golden Age of Exploration*. White River Junction, VT: Nomad Press, 2011.

Pletcher, Kenneth. *The Age ofwion: From Christopher Columbus to Ferdinand Magellan*. Nueva York, NY: Britannica Educational Publishing, 2014.

Shea, Therese. *The Land and Climate of Latin America*. Nueva York, NY: Britannica Educational Publishing, 2018.

BIBLIOGRAFÍA

American Journeys Collection: Biblioteca y Archivos Digitales de la Sociedad Histórica de Wisconsin. "Relación del Viaje de Juan Rodríguez Cabrillo 1542–1543." Documento N.° AJ-001. http://www.americanjourneys.org.

Conquistadors: Fall of the Aztecs. "The Last Stand: An Aztec Iliad." PBS. http://www.pbs.org/conquistadors/cortes/cortes_i00.html.

Jarus, Owen. "Tenochtitlán: History of Aztec Capital." Livescience, 15 de junio de 2017. https://www.livescience.com/34660-tenochtitlan.html.

Kelsey, Harry. *Cabrillo.* San Marino, CA: Huntington Library, 1986.

Las Casas, Bartolomé de. *Brevísima relación de la destrucción de las Indias, o una fiel narrativa de las horrendas masacres, matanzas y toda forma de crueldad sin precedentes que el Infierno y la Maldad podrían inventar, cometidas por el Papista Partido Español sobre los habitantes de las Indias Occidentales, junto con la devastación de numerosos reinos en América por el fuego y la espada, durante un espacio de 42 años, desde el momento que ellos hicieron el primer descubrimiento.* Proyecto Gutenberg, 2007. http://www.gutenberg.org/cache/epub/20321/pg20321-images.html.

Nauman, James D, ed. *An Account of the Voyage of Juan Rodríguez Cabrillo.* San Diego, CA: Fundación Monumento Nacional a Cabrillo, 1999.

Pourade, Richard F. *The Explorers.* San Diego, CA: Union-Tribune Publishing, 1960. https://www.sandiegohistory.org/wp-content/uploads/migrated/books/pourade/explorers/explorers.pdf.

Servicio de Parques Nacionales "*Juan Rodríguez Cabrillo.*" https://www.nps.gov/cabr/learn/historyculture/juan-Rodríguez-cabrillo.htm.

Thatcher, Oliver J., ed. "Hernan Cortés: from Second Letter to
Charles V, 1520." Biblioteca de fuentes originales. Milwaukee,
WI: University Research Extension Co., 1907. Vol. V: Siglos IX a
XVI, pp. 317–326. https://sourcebooks.fordham.edu
/halsall/mod/1520cortes.asp.

ÍNDICE

ACERCA DE LA AUTORA

Xina M. Uhl descubrió su pasión por la historia cuando todavía estaba en la escuela primaria. Luego prosiguió con una maestría en Historia del Arte en la Universidad Estatal de California, Northridge, centrándose en el Mediterráneo de la Antigüedad. Luego de enseñar historia de Estados Unidos en universidades, pasó a escribir libros educativos. Ha escrito libros de texto, guías para docentes, clases y preguntas de evaluación en el campo de historia. Cuando no se dedica a escribir o a leer, disfruta de los viajes, de la fotografía y de pasear con sus perros. En su blog presenta sus aventuras de viaje y últimos proyectos de ficción.

CRÉDITOS FOTOGRÁFICOS